El Día de la Tierra

Las festividades alrededor del mundo

Tatiana Tomljanovic

LIGHTBOX
openlightbox.com

LIGHTBOX

Entre a
www.openlightbox.com
e ingrese el código único
de este libro.

CÓDIGO DE ACCESO

LBXG4378

Lightbox es una completa soluciòndigital para enseñar y aprender temas curriculares de una manera original e innovadora. Lightbox se basa en las Normas Curriculares Nacionales.

OPTIMIZADO PARA

- ✓ **TABLETAS**
- ✓ **PIZARRAS ELECTRÓNICAS**
- ✓ **COMPUTADORAS**
- ✓ **¡Y MUCHO MÁS!**

CARACTERÍSTICAS ESTÁNDAR DE LIGHTBOX

- **AUDIO** Narraciones de alta calidad con sistema de texto a voz
- **VIDEOS** Videoclips de alta definición incorporados
- **ACTIVIDADES** PDFs imprimibles que pueden enviarse por correo electrónico y calificarse
- **ENLACES WEB** Enlaces cuidadosamente seleccionados con recursos seguros para niños
- **PRESENTACIÓN EN DIAPOSITIVAS** Ilustraciones gráficas de los conceptos clave
- **MAPAS INTERACTIVOS** Mapas interactivos e imágenes satelitales aéreas
- **CUESTIONARIOS** Diez preguntas de elección multiple con puntaje automático que se envían por correo electrónico al docente para su evaluación
- **PALABRAS CLAVE** Combinación de los conceptos clave con sus definiciones

RECURSOS SUPLEMENTARIOS

- **COMPARTE** Comparte títulos dentro de tu Sistema de Gestión de Aprendizaje (LMS) o Sistema de Circulación de Bibliotecas
- **CURRÍCULO** Encuentre correlaciones curriculares Nacionales y Estatales.
- **CITAS** Crea referencias bibliográficas siguiendo los estilos de APA, CMOS y MLA

VIDEOS

ENLACES WEB

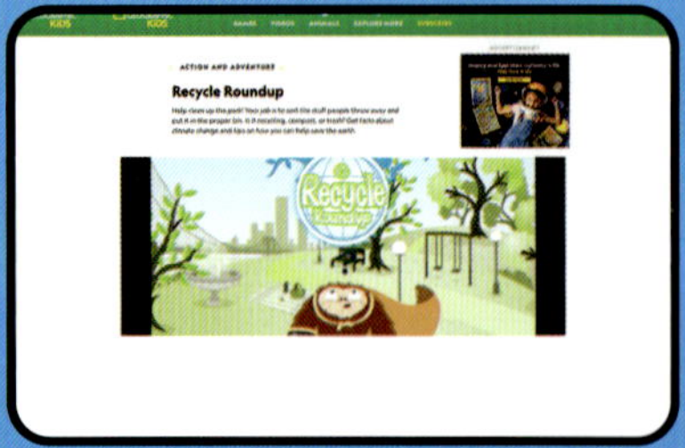

PRESENTACIÓN EN DIAPOSITIVAS

CUESTIONARIOS

El Día de la Tierra

Las festividades alrededor del mundo

CONTENIDOS

El Día de la Tierra se celebra el 22 de abril de cada año. Es un día para agradecer al planeta Tierra.

El primer Día de la Tierra se celebró en 1970.

La Tierra es el hogar de las personas, los animales y las plantas. La gente celebra el Día de la Tierra porque quiere proteger al planeta.

El Día de la Tierra se **celebra** desde hace más de **50 años**.

Reducir, Reutilizar y Reciclar son las 3 erres que ayudan a proteger a la Tierra.

Reducimos la cantidad de cosas que usamos. Reutilizamos lo que ya tenemos y, en lugar de tirar las cosas, las reciclamos.

One Earth
One Person
One Chance

El Día de la Tierra se celebra en todo el mundo. Se suelen realizar eventos en los parques públicos y otros lugares al aire libre.

El Día de la Tierra se celebra en más de **190 países**.

Las familias pueden celebrar el Día de la Tierra preparando una comida especial juntos. Pueden usar sobras o cocinar con vegetales saludables.

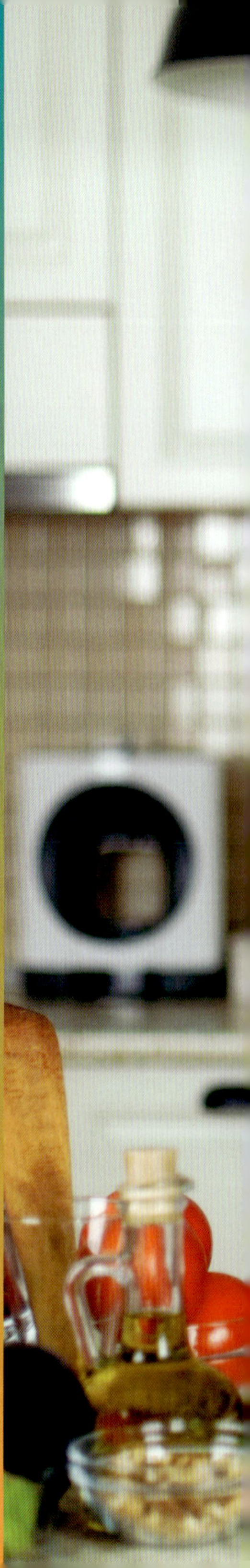

Plantar árboles es una actividad muy común en el Día de la Tierra. Los árboles ayudan a mantener el aire limpio.

Los pájaros, las ardillas y otros animales hacen sus casas en los árboles.

La contaminación de los autos y las fábricas daña a la Tierra. Hace que el planeta sea más caluroso de lo que debería.

Podemos ir a hacer las actividades por el Día de la Tierra caminando o en bicicleta, en lugar de ir en auto.

Muchos cuerpos de hielo, como el glaciar Columbia de Alaska, se están derritiendo como consecuencia del calentamiento de la Tierra.

34

Se han creado leyes para ayudar a mantener la limpieza del aire y el agua.

También se pueden plantar árboles, recoger la basura, hacer las 3 erres y enseñar a los demás a ayudar al planeta.

La gente de todo el mundo puede participar de una actividad que se llama la Gran Limpieza Global recogiendo la basura del suelo de sus comunidades.

DATOS SOBRE EL DÍA DE LA TIERRA

Estas páginas ofrecen información detallada sobre los interesantes datos de este libro. Están dirigidas a los adultos, como soporte, para que ayuden a los jóvenes lectores a redondear sus conocimientos sobre cada festividad presentada en la serie *Las festividades alrededor del mundo.*

Páginas 4–5

El Día de la Tierra se celebra el 22 de abril de cada año. El primer Día de la Tierra se celebró el 22 de abril de 1970 y se enfocó en los estudiantes universitarios. Lo organizó el senador por Wisconsin, Gaylord Nelson y un estudiante de la Universidad de Harvard, Denis Hayes. Eligieron esa fecha porque no interfería con los exámenes finales, con el receso de primavera ni con ninguna fiesta religiosa importante. Además, era primavera y se podía esperar un buen clima para hacer actividades al aire libre.

Páginas 6–7

La Tierra es el hogar de las personas, los animales y las plantas. El Día de la Tierra concientiza sobre la necesidad de cuidar la vida silvestre y los recursos naturales de la Tierra para las próximas generaciones. El primer Día de la Tierra movilizó a más de 20 millones de ciudadanos estadounidenses que exigían una mayor protección para el medioambiente. Hoy, 1 000 millones de personas en todo el mundo celebran el Día de la Tierra buscando formas de proteger al planeta.

Páginas 8–9

Reducir, Reutilizar y Reciclar son las 3 e rres que ayudan a proteger a la Tierra. Todos los años en los Estados Unidos, se tira casi el 30 por ciento de la comida que la gente compra. Las 3 erres del movimiento ambientalista enseña a la gente primero a reducir el consumo, luego a reutilizar o redestinar las cosas y tercero, a reciclar. Los ambientalistas promueven la práctica de las 3 erres en las escuelas, hogares y empresas.

Páginas 10–11

El Día de la Tierra se celebra en todo el mundo. Las escuelas y comunidades organizan actividades y otros eventos, como festivales y conciertos, en los patios de las escuelas y los parques públicos. Los grupos ambientalistas suelen realizar desfiles en las grandes ciudades. Desde su lanzamiento en 1970, el Día de la Tierra se ha diseminado a más de 190 países. Todos los años, al menos 100 000 personas se reúnen en el Parque Yoyogi de Tokio, Japón, para celebrar el Día de la Tierra. Sudáfrica celebra este día como el Día Internacional de la Madre Tierra.

Páginas 12–13

Las familias pueden celebrar el Día de la Tierra preparando una comida especial juntos. Algunos movimientos por el Día de la Tierra piden a la gente que reduzcan el consumo de carne, porque las industrias de la carne, como la de la carne vacuna, tienen un impacto negativo en el medioambiente. Por ejemplo, se necesitan unos 1 800 galones (6 800 litros) de agua para producir 1 libra (0,45 kilogramos) de bistec, usando valiosos recursos de agua dulce.

Páginas 14–15

Plantar árboles es una actividad muy común en el Día de la Tierra. Cada año, se plantan 5 000 millones de árboles en todo el mundo, pero en ese mismo año, se talan 15 000 millones. La deforestación es una de las mayores amenazas para el planeta. Los bosques se necesitan para absorber el dióxido de carbono y producir el oxígeno que las personas y los animales necesitan para respirar.

Páginas 16–17

La contaminación de los autos y las fábricas daña a la Tierra. La quema de combustibles fósiles para alimentar a los autos y generar electricidad produce gases de efecto invernadero. Estos gases contribuyen con el calentamiento global, que es el aumento lento de la temperatura general de la Tierra. Como consecuencia, los glaciares, los mantos de hielo y los casquetes polares se están derritiendo a un ritmo alarmante. Por cada milla (1,6 kilómetros) que recorramos a pie en lugar de en auto, evitamos que se libere casi 1 libra (0,45 kg) de contaminación al medioambiente.

Páginas 18–19

Los gobiernos han creado leyes para ayudar a mantener la limpieza del aire y el agua. El impacto del primer Día de la Tierra y los millones de personas que participaron, dio lugar a la creación de la Agencia de Protección Ambiental de EE.UU. Gracias al Día de la Tierra, se sancionaron leyes importantes destinadas a proteger el medioambiente, como la Ley de Aire Limpio y la Ley de Agua Limpia. Estas leyes han ayudado a reducir la contaminación del aire y el agua en los Estados Unidos.

Páginas 20–21

La gente de todo el mundo puede participar de una actividad que se llama la Gran Limpieza Global. Si bien la Gran Limpieza Global se realiza durante todo el año, adquiere una especial atención en el mes de abril y en el Día de la Tierra. Voluntarios en más de 190 países recogen los plásticos y otros desechos de sus comunidades y se limpia la basura de las áreas públicas, como los parques, las calles, los cursos de agua y las playas.

Published by Lightbox Learning Inc.
276 5th Avenue, Suite 704 #917
New York, NY 10001
Website: www.openlightbox.com

Library of Congress Control Number: 2024933179

ISBN 978-1-5105-8489-1 (hardcover)
ISBN 978-1-5105-8490-7 (static multi-user eBook)
ISBN 978-1-5105-8492-1 (interactive multi-user eBook)

072024
112023

Printed in Guangzhou, China
1 2 3 4 5 6 7 8 9 0 28 27 26 25 24

Art Director: Terry Paulhus
Layout: Ana María Vidal
English Project Coordinator: Priyanka Das
Spanish Project Coordinator: Sara Cucini
English/Spanish Translation: Translation Services USA

Every reasonable effort has been made to trace ownership and to obtain permission to reprint copyright material. The publisher would be pleased to have any errors or omissions brought to its attention so that they may be corrected in subsequent printings.

The publisher acknowledges Alamy, Getty Images, and Shutterstock as the primary image suppliers for this title.